中国现代民族出版第一人——夏瑞芳

绘 图 姜荣根
编 文 刘悦尔
封 面 晏文渊

商务印书馆
创于1897 The Commercial Press
2017年·北京

图书在版编目（CIP）数据

中国现代民族出版第一人：夏瑞芳／姜荣根绘图；刘悦尔编文．—北京：商务印书馆，2017
ISBN 978-7-100-15006-4

Ⅰ．①中… Ⅱ．①姜…②刘… Ⅲ．①夏瑞芳（1871—1914）—生平事迹 Ⅳ．①K825.42

中国版本图书馆CIP数据核字（2017）第171302号

权利保留，侵权必究。

上海市重大文艺创作项目由上海文化发展基金会资助

中国现代民族出版第一人——夏瑞芳

姜荣根　绘图
刘悦尔　编文

商　务　印　书　馆　出　版
（北京王府井大街36号　邮政编码100710）
商　务　印　书　馆　发　行
上海出版印刷有限公司印刷
ISBN 978-7-100-15006-4

2017年8月第1版	开本 787×1092 1/32
2017年8月第1次印刷	印张 2½
	定价：20.00元

内容简介

夏瑞芳生于1871年,是上海青浦人。1897年他集资在上海创办商务印书馆,使之成为中国现代民族出版业中历史最悠久的出版机构。在1898—1914年间,夏瑞芳广纳贤能之士,共创大业,开中国印刷出版事业之先河。他和伙伴张元济、蔡元培等订下商务"从教育着手,改变中国"的方针大计。于中华民族最危难、最脆弱的时刻,以他短暂的生命,为民族的现代知识教育建立基础,渊远流长,影响至今。夏瑞芳开创性的事业,所取得的卓越成就和深远影响,使他成为中国现代民族出版业第一人。

1914年1月10日下午6点,一声突兀的枪响划破了上海公共租界的宁静。夏瑞芳,被这颗子弹夺去了年仅43岁的生命。

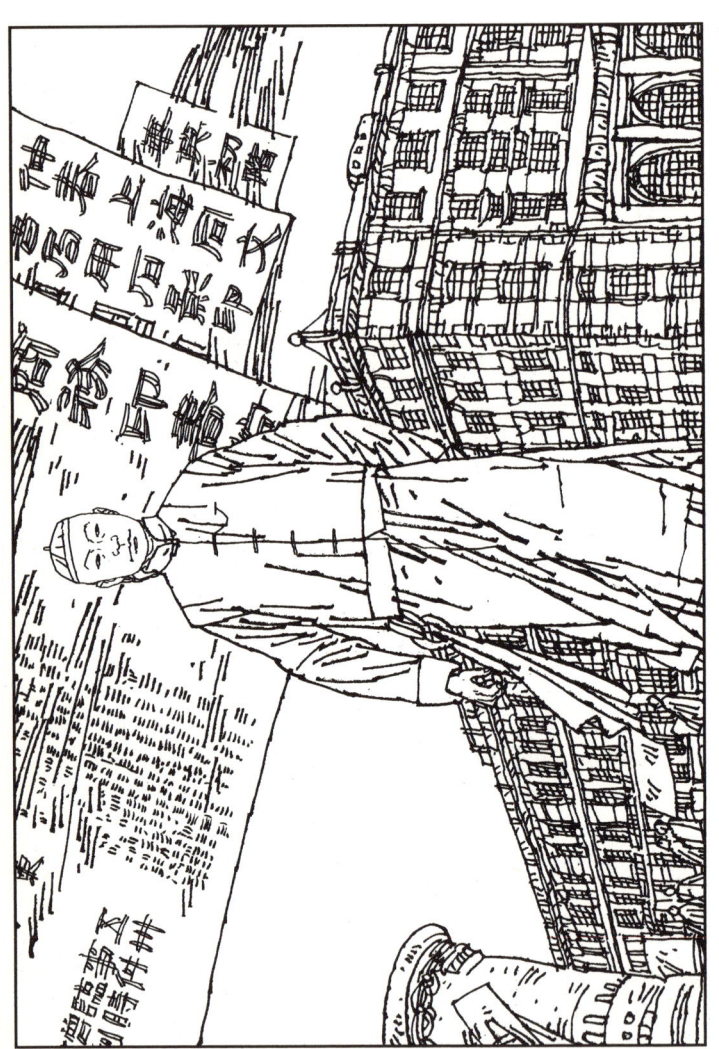

这件事在当时引起了极大的震动,不仅因为这件事黑幕重重,更因为夏瑞芳是商务印书馆的总经理。

夏瑞芳，出生于1871年。在中国近现代史上这个名字知者不多，但实际上，中国现代的知识引进、新学传播，多亏了他在兼顾经营的同时，还胸怀改革创新的大志。

清朝末年,黑暗笼罩着中国的土地。一向为中国看不起的"外邦蛮夷",携带枪炮,在中国广袤的土地上搜刮掠夺。与此同时,西方文化也涌入了古老的中国。

当时，大批西方神父和牧师也以传道之名来到了中国。夏瑞芳，一个来自乡下的苦孩子，偶然在一个西方教会学校的所见所闻，带给了他内心极大的震撼，也让他对国外课本上白色的纸张、清晰的铅字产生了好奇。

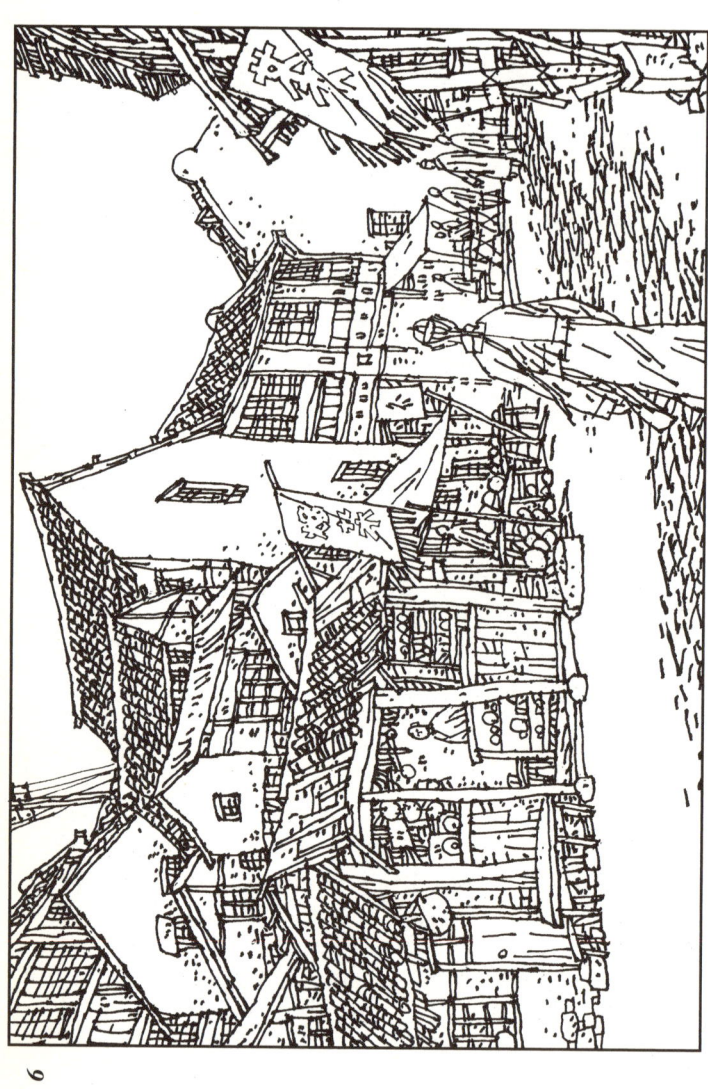

夏瑞芳出生在一个贫苦人家，命运多舛。为生计所迫，他的母亲到上海给人帮佣，而父亲原先是挑糖担子的小贩，因战乱背井离乡来到上海开了一家小杂货店。

年幼的夏瑞芳被寄养在大伯家。对双亲的思念,让夏瑞芳在11岁的时候,瞒着大伯偷偷乘小轮船渡河到上海寻亲。所幸船家与他母亲相识,在他的帮助下夏瑞芳终于母子团圆了。

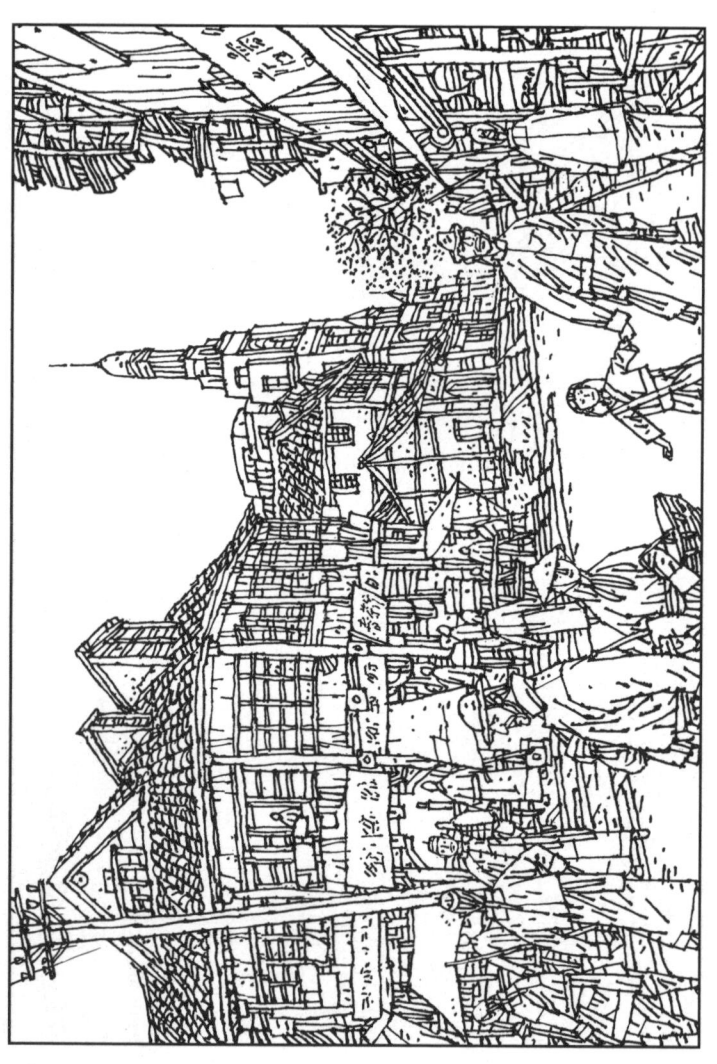

此时的上海风气开化。对外来文化的态度已经从一开始的排斥逐渐转化为新奇和跟风。无论是社会、人文、风尚,都开始偏向西化。

清心学堂,由美国传教士范约瑟一手创建。他接纳了许多难民的孩子并对他们进行免费教学。夏瑞芳妈妈帮佣的雇主正是范约瑟。善良的范约瑟让夏瑞芳留了下来,还让他进清心学堂学习。夏瑞芳的人生就此发生了翻天覆地的变化。

夏瑞芳跟随从西方而来的老师们,学习到了许多新奇的知识。他不仅学会了英语,而且开拓了视野。同时,他也结识了许多日后与他一同创业的好友,如高凤池、鲍咸昌、鲍咸恩兄弟等。

19世纪末,印刷厂如雨后春笋般冒出,印刷技术更是不断更新。1832年,英国传教士麦都思带来了"石板印刷"技术。1877年,英国商人美查在上海开设"点石斋印书局",并购进了手摇石印机……印刷行业开始呈现欣欣向荣的景象。

1861年，美国南北战争爆发，美国大陆的教会长老们自顾不暇，清心书院（清心学堂更名而来）便自力更生：男生需要学习园艺种植与印刷技巧，女生则学习刺绣针织。夏瑞芳在这期间的积累为后来商务印书馆的发展打下了基础。

1889年,夏瑞芳的父亲去世,此时他年满18岁。遭丧父之痛后,他更加切实地体会到家里的贫困和负担。为家境考虑,他只得辍学寻业养家。当时清心书院的校长薛思培不忍心,便推荐夏瑞芳到同仁医院做学徒。

在同仁医院,夏瑞芳做着打杂、当助手的工作。同时,他发现自己没有医学方面的功底,很难有所成就。因在清心书院有过当印刷工的经历,他就到《文汇西报》做了英文排字工;后来又转到了《字林西报》。

《字林西报》，有代表在华特殊商业利益的"英国官报"之称，反映了当时资本主义的特色，与中国当时发行的报纸截然不同。除了纸张、文化的差异，也有印刷技术的原因。

凭借着勤勤恳恳的努力和吃苦耐劳的精神,夏瑞芳很快在《字林西报》做到了排字部主任的职位,并娶了好友鲍咸昌、鲍咸恩的妹妹鲍翠玉。

夏瑞芳成婚之后,与鲍咸恩的友情更加深厚。他们常常一同喝茶谈论,而讨论最多最深的,便是他们共同的志向——开印刷厂,改变华人在洋人印刷机构受气的现状。

1892年，夏瑞芳读到一则新闻：清光绪帝已经开始接受英美教育。夏瑞芳内心不由热血澎湃，庆幸自己学了英文，暗下决心印一些教人们学习英语的书。

1895年，甲午败战，李鸿章在日本马关（今下关）签订了丧权辱国的《马关条约》。在经历了西方无情的掠夺之后，伤痕累累的中国还要割让土地，支付巨额赔款。夏瑞芳及其好友在咬牙吞耻的同时，也在心中坚定了要让中国改革创新的理想。

1896年4月15日,夏瑞芳与鲍氏兄弟、高凤池等好友,签立了一份简单的契约,确定认股资金四千元,股东八人,正式筹备开办印刷厂。一场中国出版史上石破天惊的企划,正在慢慢萌芽。

尽管夏瑞芳是领头创业的,可实际上他手头的资金是最为紧缺的。他们几个年轻人,都没有深厚的家资和背景,凭的是彼此坚不可摧的友谊和一股子团结拼搏的精神。这也是后来商务印书馆得以稳步向前的重要原因。

印刷厂即将开张,可还没有名字。一般商号取名字,总是要取一个吉利富贵的名字,可夏瑞芳等人是洋学堂出身,觉得英文更加顺口。在苦思冥想之际,鲍大姑的一句"commercial"提醒了他们,于是便将印刷厂定名为"Commercial Press",翻译成中文便是:商务印书馆。

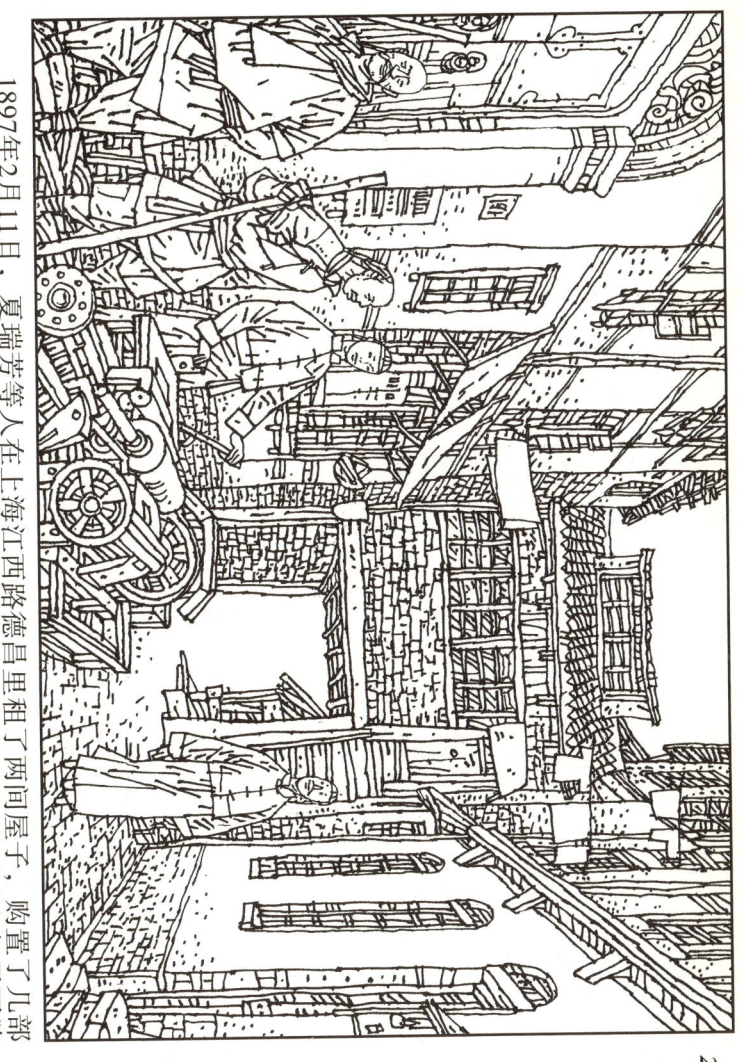

1897年2月11日,夏瑞芳等人在上海江西路德昌里租了两间屋子,购置了几部小印刷机,商务印书馆正式成立。尽管机器的轰鸣声比不上大印刷厂里那般震耳欲聋,但他们年轻的心中热血沸腾,他们的梦想正在一步一步实现。彼时,夏瑞芳26岁。

当时,西方各国经历了"工业革命",开始进入高速发展时期。在这个变化万千的大时代,时局动荡,战乱频发,却也给商务印书馆带来了发展的机遇。

商务印书馆开办伊始,虽只有几台小印刷机和十来个工人,但身为总经理的夏瑞芳以勤奋的精神,对外兼接活,采办,收账,对内兼接待,校对等工作,经常忙到深更半夜。由于他的努力和勤奋,公司业务蒸蒸日上,至1901年股金已经升值为5万元。

一开始，商务印书馆只承印了一些洋商、洋行的文件，这并不能满足夏瑞芳的雄心。忽然，他想到了自己曾在"清心"阅读的英文课本——英国人给印度小学生编撰的primer（启蒙读本）。于是，他们把这本书翻印了出来，又找到了苏州博习书院的助教谢洪赉，制作了中英文对照版的《华英初阶》。

《华英初阶》第一版出版了2000册,不到20天就销售一空。书籍不断加印,风靡全国。夏瑞芳又请谢洪赉继续注译更高一级的课本,取名《华英进阶》。这两种课本在市场上流行了长达十多年,印刷达63版。

1898年，在印刷厂生意进行得如火如荼的时候，德昌里的工厂却因为工人的大意引发了火灾，原有的器具全部付之一炬。面对挫折，夏瑞芳没有放弃自己的理想，凭借意外获得的保险金另迁了更大的地址，重新修建厂房，购买更多更先进的印刷机器。

有了新的厂房和新的机器,商务印书馆再接再厉,陆续出版了《华英字典》、编译了《华英国学文编》一、二编,在站稳了脚跟的同时市场上的占有率也在节节攀升。

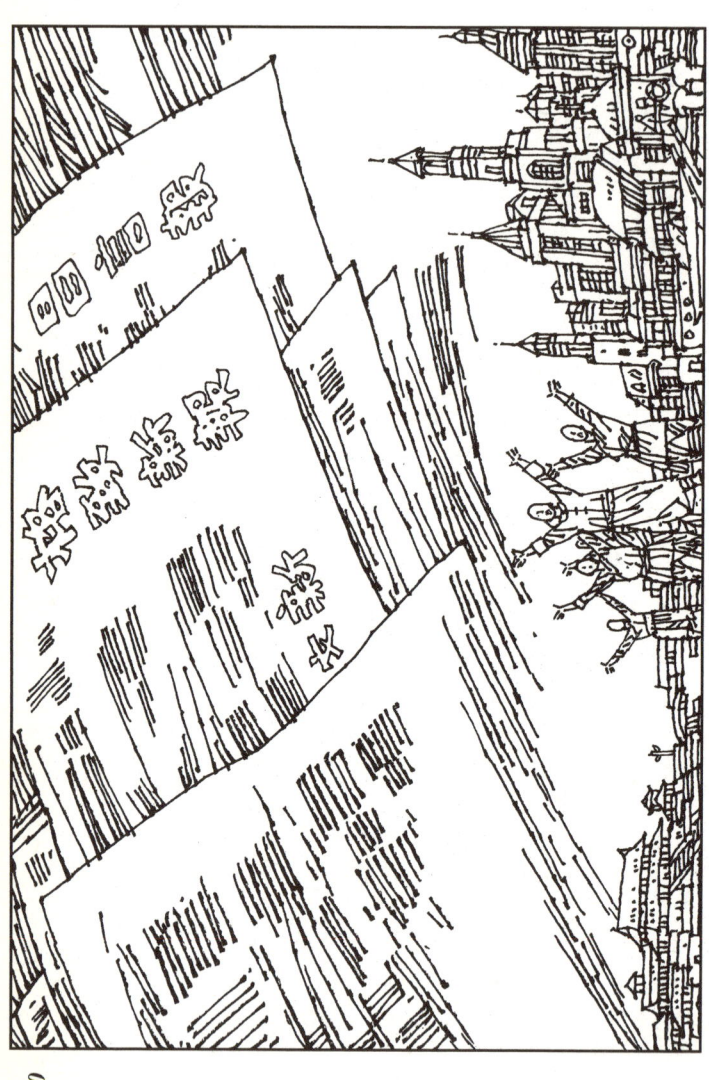

不仅如此,他们还代印了《昌言报》《格致新报》两种报刊,都是广开言路、救亡图强的代表之作。这些报刊也是中国改革进步的推手之一,为新文化启蒙提供了助力。

印刷这些"激进"的报刊,在当时是杀头的罪名。著名的戊戌六君子之一谭嗣同被杀后,他的遗作《仁学》为维新人士所推崇,但苦于找不到门路印刷。夏瑞芳冒着极大的风险慨然承印,言道:"我在租界,不怕清廷。"他的这份大义凛然的精神,也孕育了日后商务印书馆"以扶助教育为己任"的大业方针。

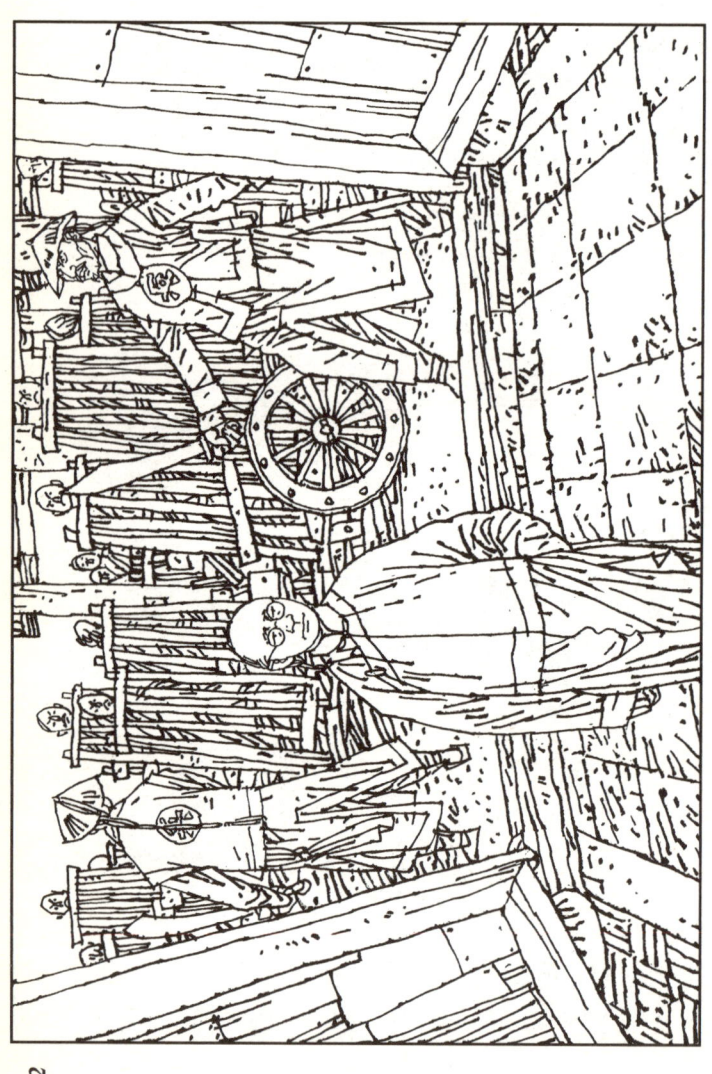

1898年,由于国势渐危,光绪帝实行了戊戌变法。然而在同年9月21日,他的这一革新便被慈禧太后扼杀了。在一片捕杀革命党的腥风血雨之中,"小翰林"张元济便运地保全了性命。他后来成为了商务印书馆的重要建设者和领导者。

32

随着发展,商务需要开辟印书的业务,增设编译所。夏瑞芳需要一个主持编务的人才。从何处去找呢?张元济是他心中的不二人选,可他没有把握——以张元济的出身和学历,会接受他的邀约吗?

张元济出身翰林，1892年中了进士，戊戌变法之前曾担任京官的职位，参与新政事宜，负责给光绪帝搜罗各种新书。然而，以慈禧太后为首的顽固派反对变法，大批参与维新的人士遭到捕杀。光绪皇帝刻意维护张元济，才让他保得一命。

张元济离开京城后,为李鸿章所关照,在南洋公学的译书院工作。因为翻译的课本需要印刷,从而结识了夏瑞芳。

因为与美国学监福开森全盘西化的理念不合,张元济几度提出辞去南洋公学代总理之职,却都遭拒绝。结识夏瑞芳后,两人畅谈印书市场的理想和实际运作,起了惺惺相惜之念。夏瑞芳明白张元济就是自己想要的人才,待时机成熟,一定要邀请至商务。

1901年张元济办了一份《外交报》,内容以记载国际时事为主,委托商务印书馆印刷。当时的商务印书馆印刷了一些外文翻译的新书,但成效甚微,亏损近万元。这在当时可不是一个小数目,夏瑞芳认为兹事体大,于是带着这些文稿去求教了张元济。

其实，两人都心知肚明：这是翻译的问题。于是张元济将文稿带给书院师生重新修改，再次出版后销量果然与之前截然不同。这件事使夏瑞芳意识到，若要长远发展，必须拥有专业而优良的编译部门。

经过交换意见，张元济推举蔡元培在不离开"爱国学社"的前提下，担任商务编译所所长。夏瑞芳知人善用，欣然允诺。

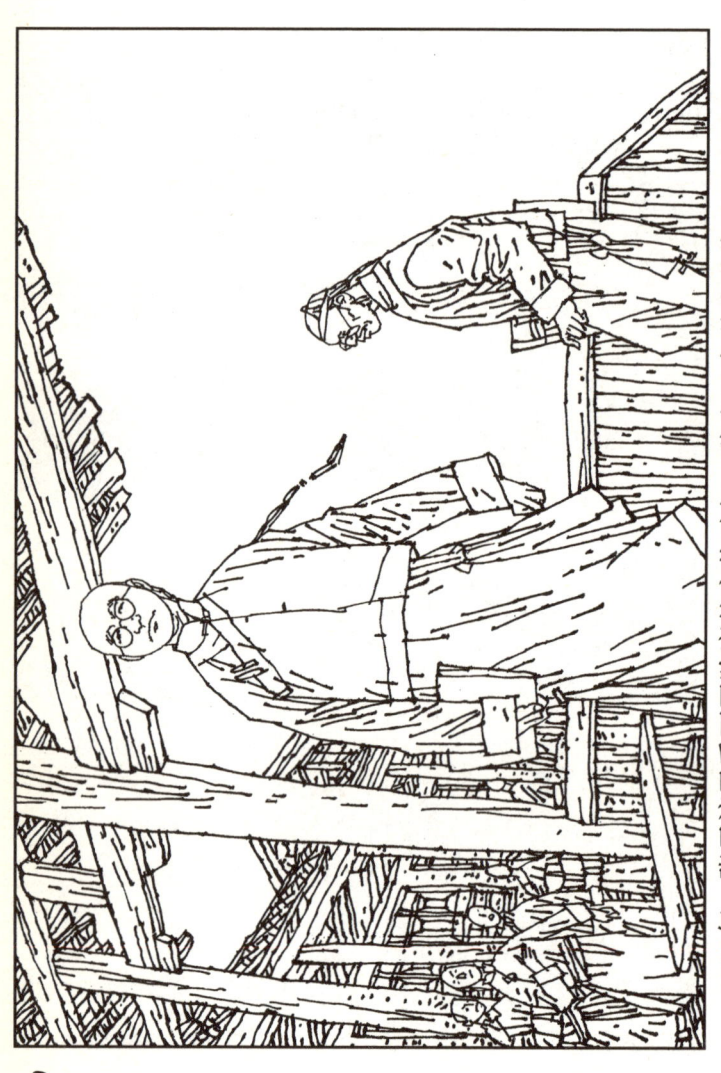

1902年,张元济忍受不了陈腐败政权,辞去了南洋公学代总理的职务,回到译书院。接替他职务的是汪凤藻,此人是个彻底的保守派。在他的管理下,学生们怨声四起,甚而发生了中国近代教育史上第一起大规模的学潮运动,史称"墨水瓶事件"。

原来,南洋公学的中文教习郭镇瀛思想陈腐,禁止学生阅读一切新书报刊,学生们极为不满。一天他去上课,发现教师座位上有一个洗得干干净净的空墨水瓶,当即大发雷霆,认为这是影射自己肚内空空,没有学问。由于无人承认此事,他给全班记了大过并决定开除3人。

学生们找到汪凤藻极力申辩,但是汪凤藻庇护郭镇瀛,不改决定。愤怒的学生们分头去向各个班说明,汪凤藻知道后竟决定开除整个班级,全校哗然。为了维护全校学生的公义,全体学生集体退学以表抗议,蔡元培也愤而离职。

蔡元培将学生们带到了"中国教育会"。在章炳麟等人的帮助下,成立了"爱国学社",以便让退学学生能够继续学习。这也是蔡元培无法全职为商务印书馆工作的原因之一。

此时,身在南洋公学译书院的张元济日渐无法忍受复杂的官场勾结,夏瑞芳得知道时机已至。一天,夏瑞芳邀请张元济小聚,谈话间单刀直入地问张元济:"既然在官场无法发挥所长,何不来商务共创理想未来?"

张元济心动了。然而为了试探夏瑞芳的诚意,他故意问:"商务可请得起我这样高薪的人?"

45

闻听此言,夏瑞芳心中大乐,他慨然提出三倍于张元济在南洋公学月薪的数目。面对夏瑞芳的真挚诚意,张元济被打动了,决定加入商务印书馆。

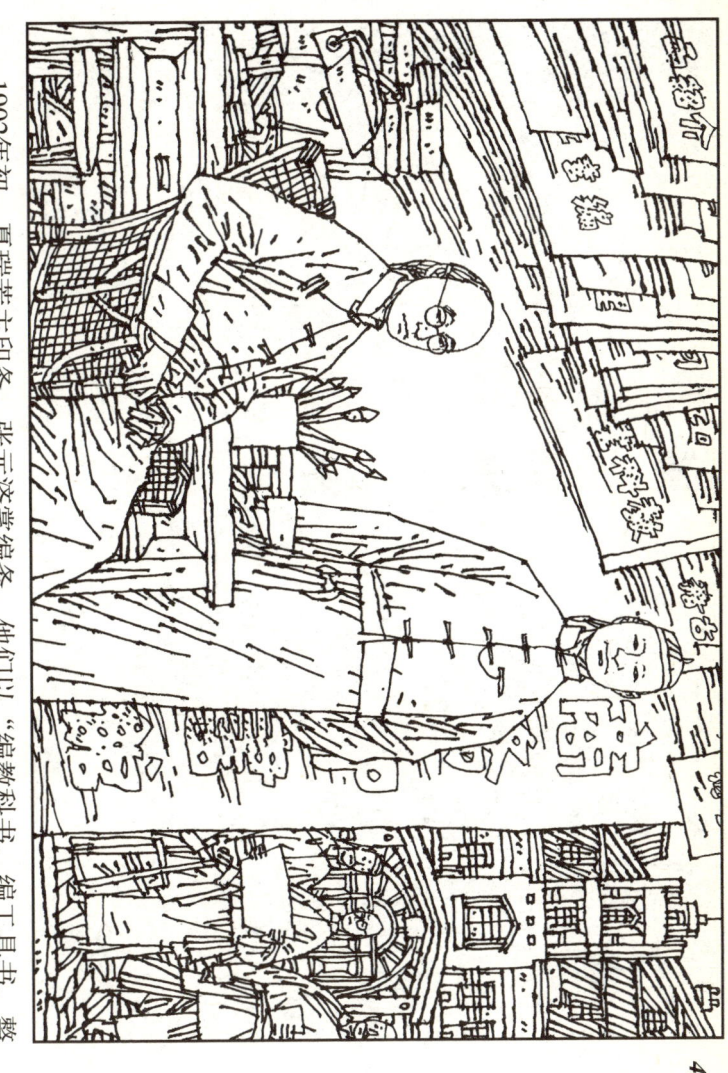

1902年初，夏瑞芳主印务，张元济掌编务。他们以"编教科书、编工具书、整理古籍，介绍西学"开启民智，开始了推进中国文化教育的恢弘大业。夏瑞芳和张元济两人联手，开创了商务的新纪元。

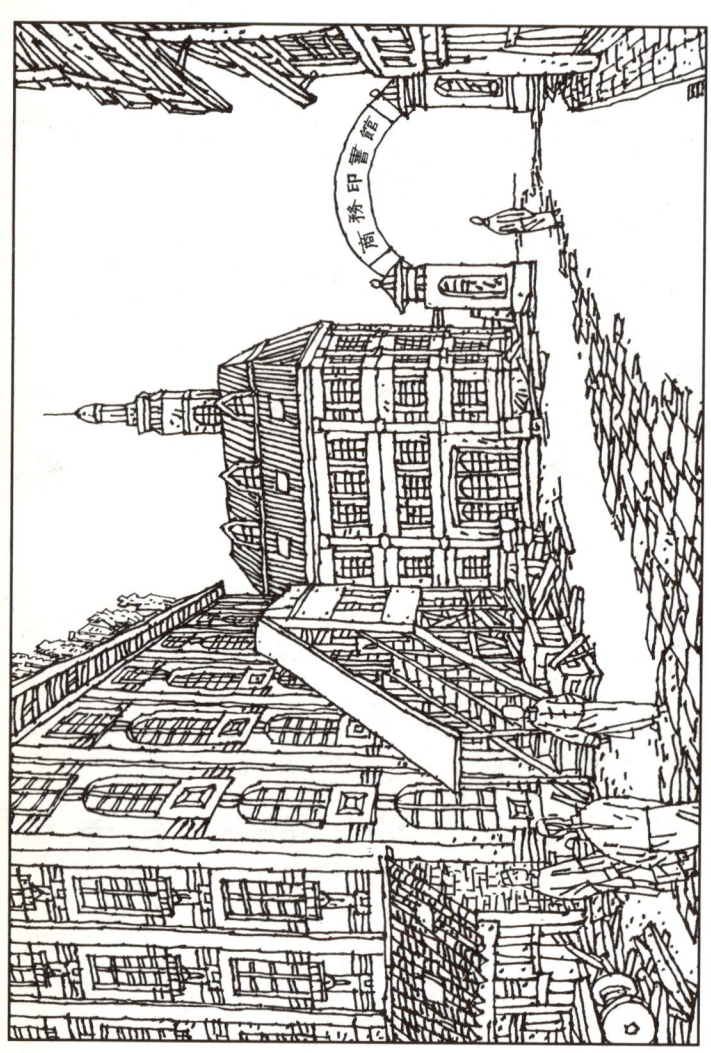

1904年,商务印书馆在闸北宝山路购地一百亩,1907年建成印刷总厂和编译所新址,从此进入一个崭新的发展阶段。

商务印书馆敏锐地预见到中国必会有翻天覆地的变化,很早就开始新式教科书的编制和普及。夏瑞芳网罗人才,与张元济商量将编译所分为三部:国文、英文和理化,三位负责人分别是高梦旦,邝富灼和杜亚泉。

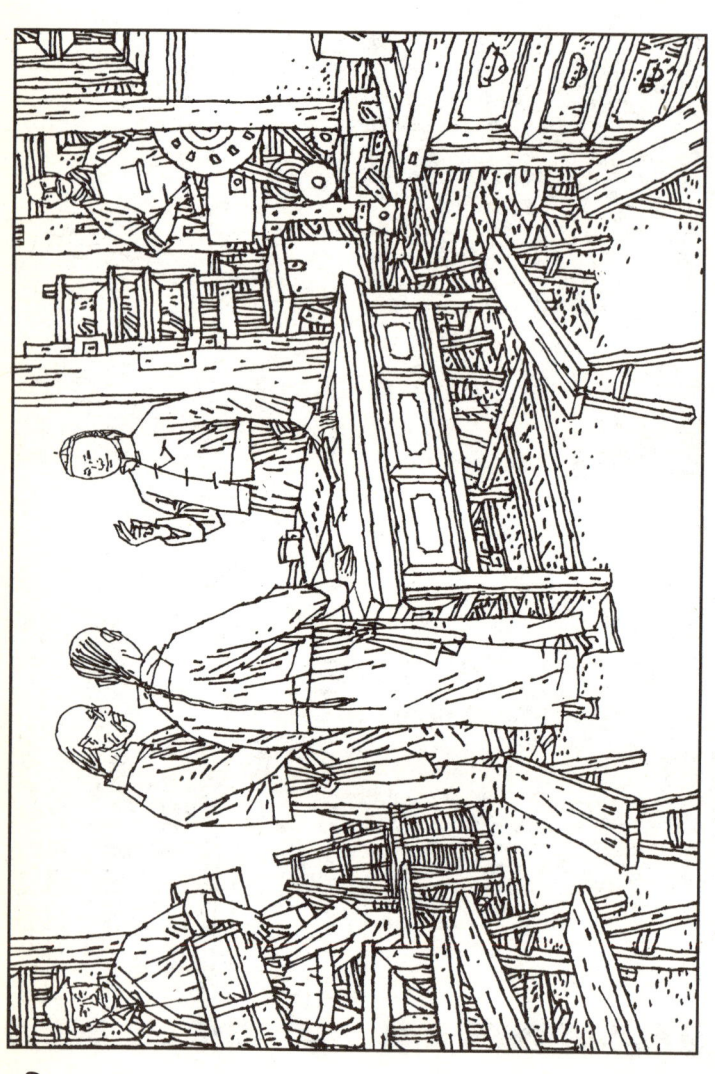

1902年,经过数月编写,由杜亚泉编纂,商务印书馆出版了文图皆全的《绘图文学初阶》,开创了沿用至今的楷字体排文,每课均附有插图,风行一时,不断重印。这是中国最早的精写细编的国文教科书之一。

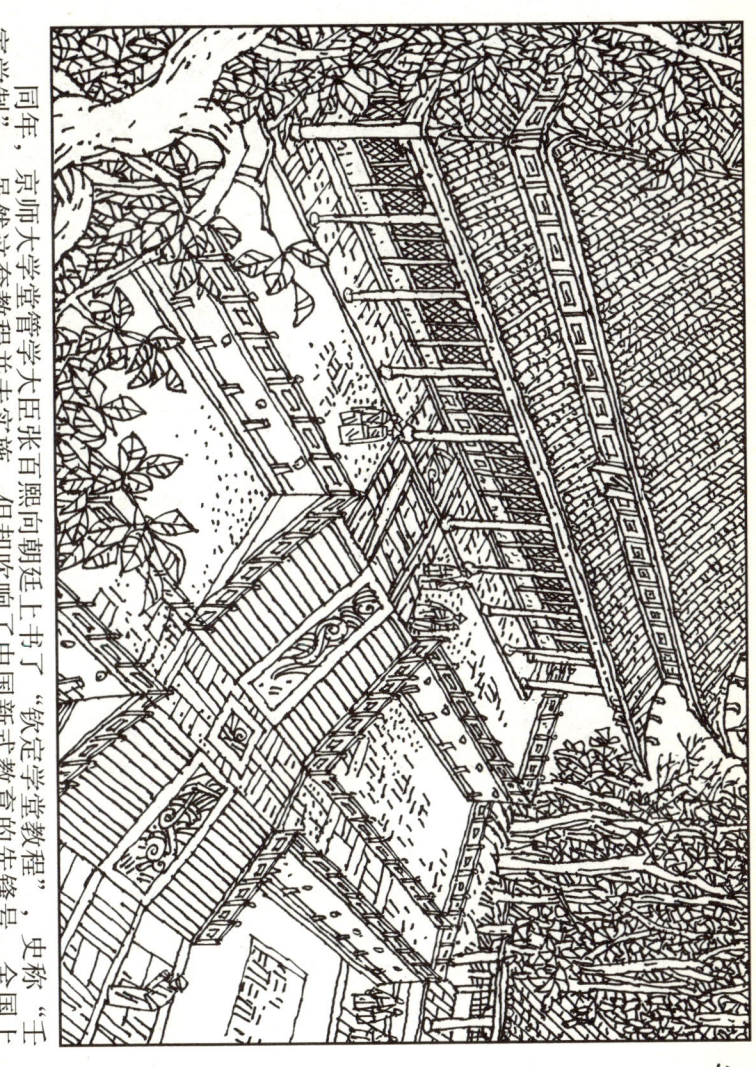

同年,京师大学堂管学大臣张百熙向朝廷上书了"钦定学堂教程",史称"壬寅学制"。虽然这套教程并未实施,但却吹响了中国新式教育的先锋号,全国上下都迎接着新式教育时代的到来。其中最前沿,最重要的一环,就是编印新式教科书。

为解决编辑小学教科书经验不足的困难,夏瑞芳邀请了当时的外资合作伙伴日本金港堂书籍株式会社的长尾慎太郎、加藤驹二等当顾问,由张元济、蒋维乔、庄俞四人俞四人共同编写。他们以教材必须符合儿童心理为主旨,每编一课要四人共同点头才能定稿。

除了在编写课文上费尽心思,夏瑞芳同时也在印刷技术上下工夫。如果用的是一般的纸张,读书时纸张所引起的反光很有可能会影响孩子们的视力。因此,夏瑞芳使用了毛边纸。他们订立了一个新的印刷原则:但求结实耐用,不事外观之美。

53

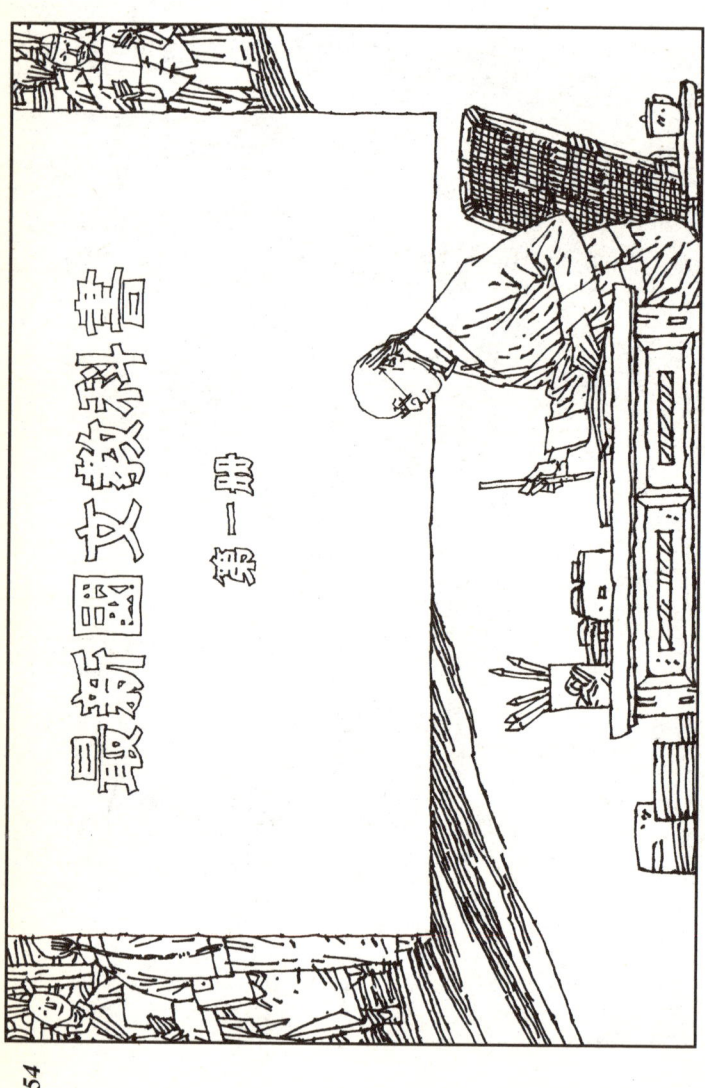

《最新国文教科书》第一册在1904年4月8日出版,内容优良,远超同时代学堂教科书。蒋维乔在日记中写道:"国文教科书第一册已出。未及五六日已销完四千部,现拟再版矣!"由此可见当时此书发售的盛况空前。

商务印书馆的《最新教科书》系列陆续出版，仅初小、高小部分就有156册，是当时我国最完备的一套小学课本，开启了中国学生的"教科书"时代，也成为国外观察中国教育的窗口。由外国传教士主办的《中国报道》认为这套教科书所带来的影响，像"拳头"一般强而有力。到了1906年，清政府批准的102种小学教科书中，就有54种出自商务印书馆。

除了教育书籍之外,商务印书馆还出版了一批汉译学术名著,如严复的《原富》《天演论》等。商务所出版的书籍,在当时引起了极大的阅读风潮,国内外知识的碰撞,也让国人的思想变得更富于开拓性。

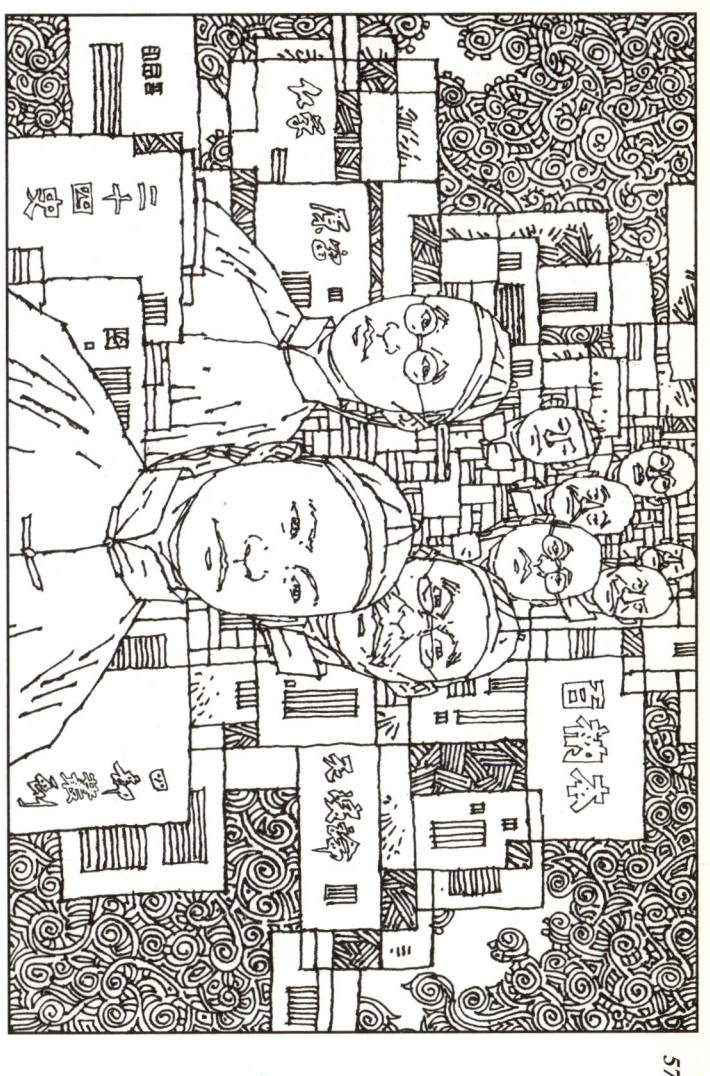

商务印书馆在引进西学的同时,并未忘却中华民族传承千年的灿烂文化,还出版了诸如《百衲本二十四史》《四部丛刊》等古籍,为弘扬和传承中华传统文化发挥了重要作用。

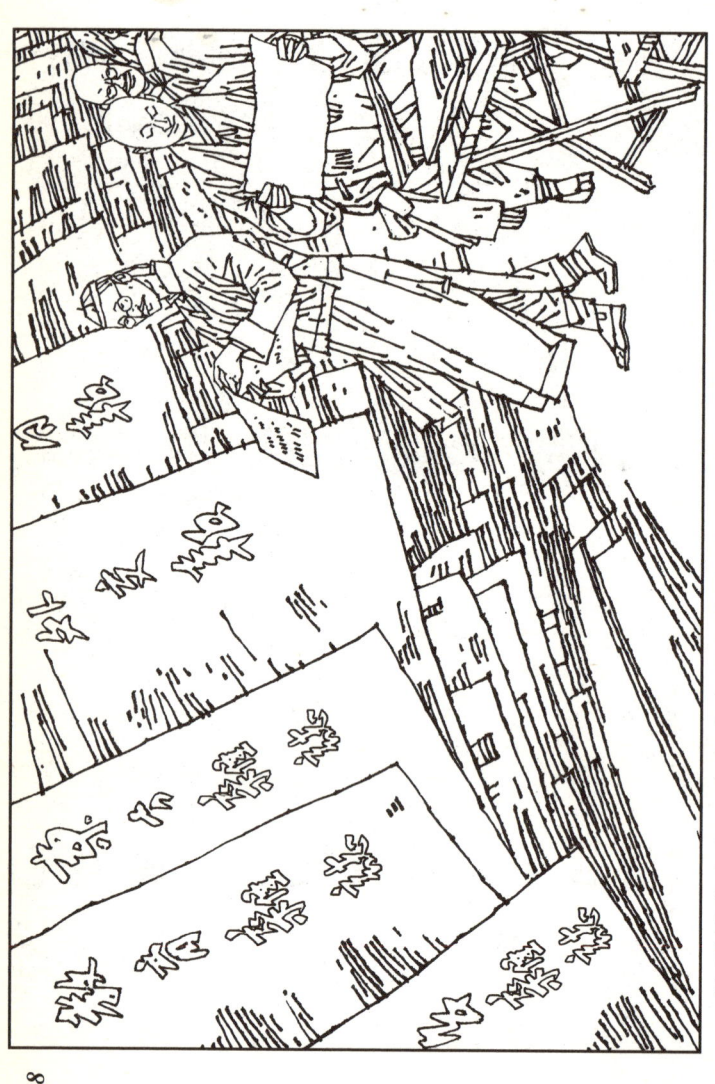

除了图书出版,商务印书馆还创办了《外交报》《东方杂志》《教育杂志》《小说月报》《少年杂志》等新兴报刊,多角度拓宽了读者的视野,开辟出内涵壮阔的文化大道。

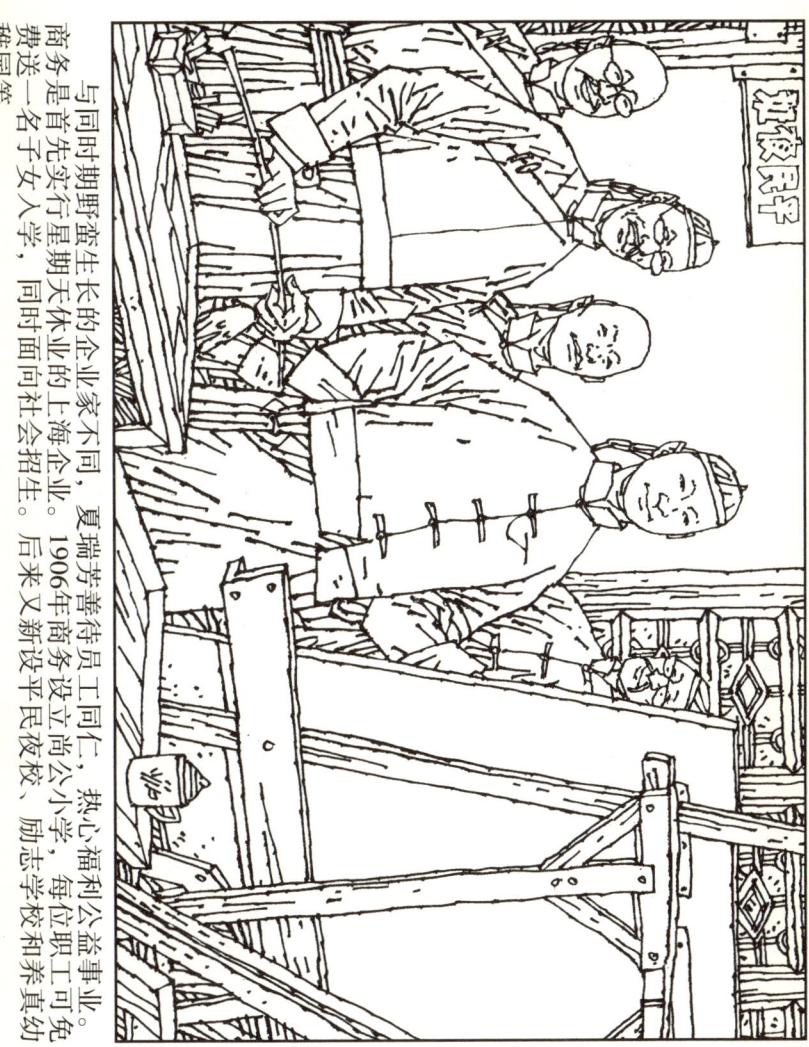

班依民平

与同时期野蛮生长的企业家不同，夏瑞芳善待员工同仁，热心福利公益事业。商务是首先实行星期天休业的上海企业。1906年商务设立尚公小学，每位职工可免费送一名子女入学，同时面向社会招生。后来又新设平民夜校、励志学校和养真幼稚园等。

夏瑞劳求才若渴,礼贤尊士。1906年,蔡元培向清廷驻德国公使孙宝琦提出申请,希望可以到德国半工半读。然而此时的蔡元培已经38岁,儿女成群,家里的经济开销需要他来负担。

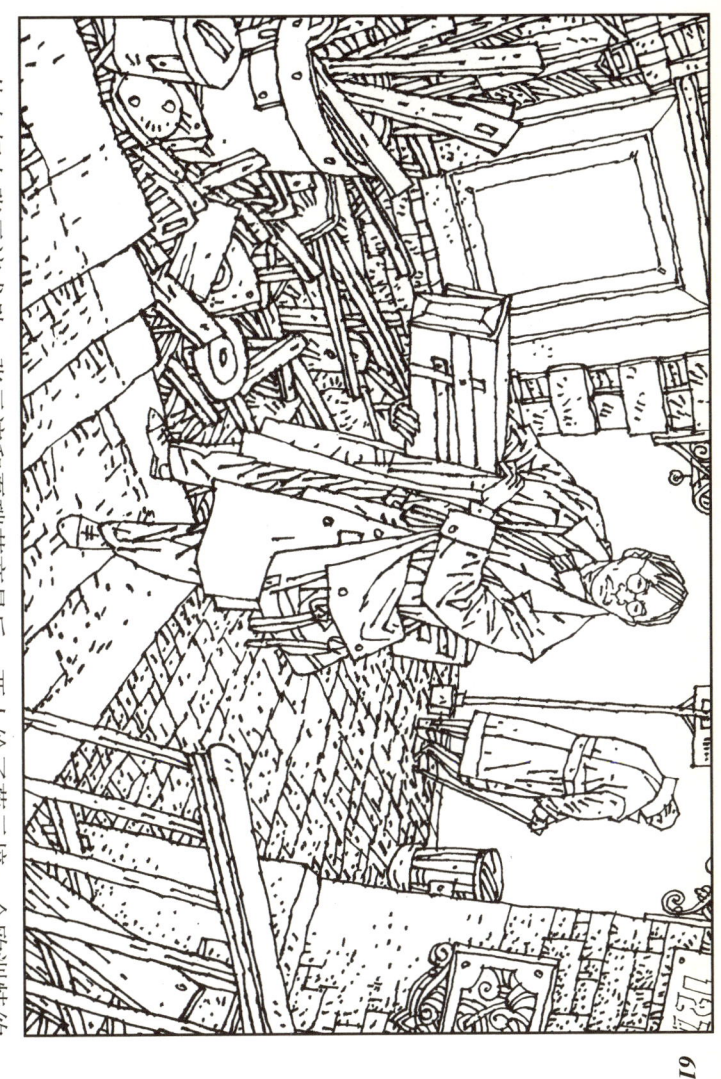

他向好友张元济求助。张元济和夏瑞芳商量后,两人给了蔡元培一个欧洲特约撰述和编译的工作,薪酬除了部分给蔡元培作为生活费之外,其他的都寄给他的妻儿补贴家用。

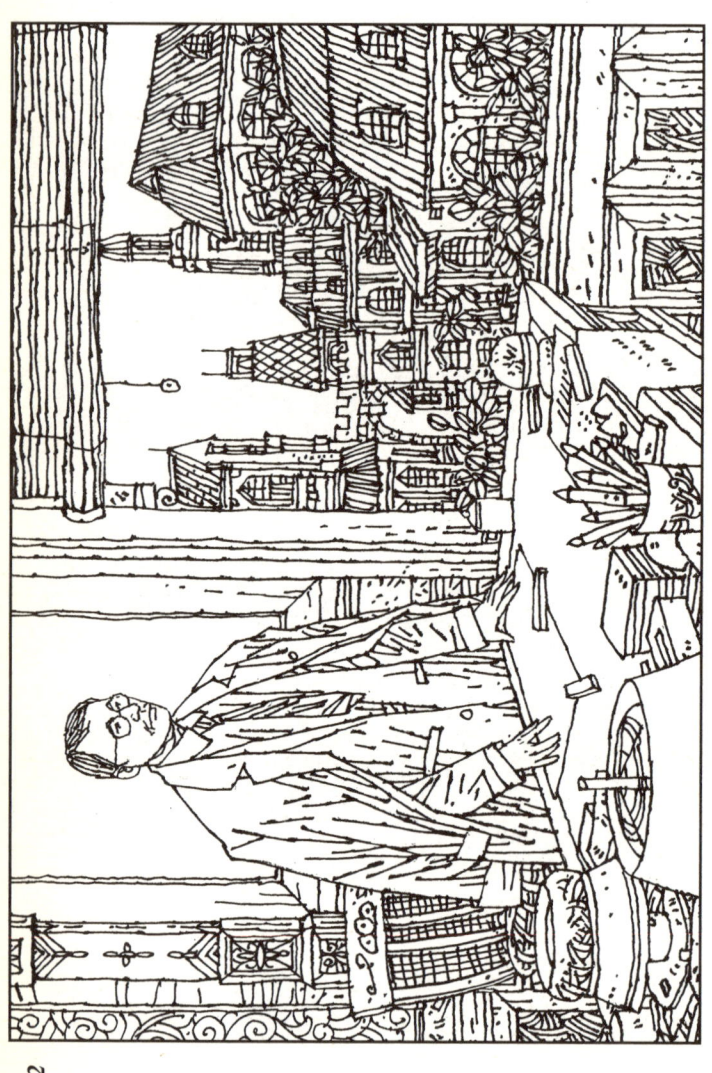

因此，蔡元培得以在德国后顾无忧地深造学习。其间，他撰写了许多文章，如《世界观与人生观》《文明之消化》等，在商务印书馆的《东方杂志》《教育杂志》上发表，著述颇丰。

在夏瑞芳经营商务的17年间,他积极引进欧美日诸国的现代印刷技术,推动商务在短期迅速崛起,创造了中国近代出版文化史上一个又一个"第一",使商务印书馆成为改进和创造印刷方式的创新工厂,也成为国内印刷机器制造和推广的中心。

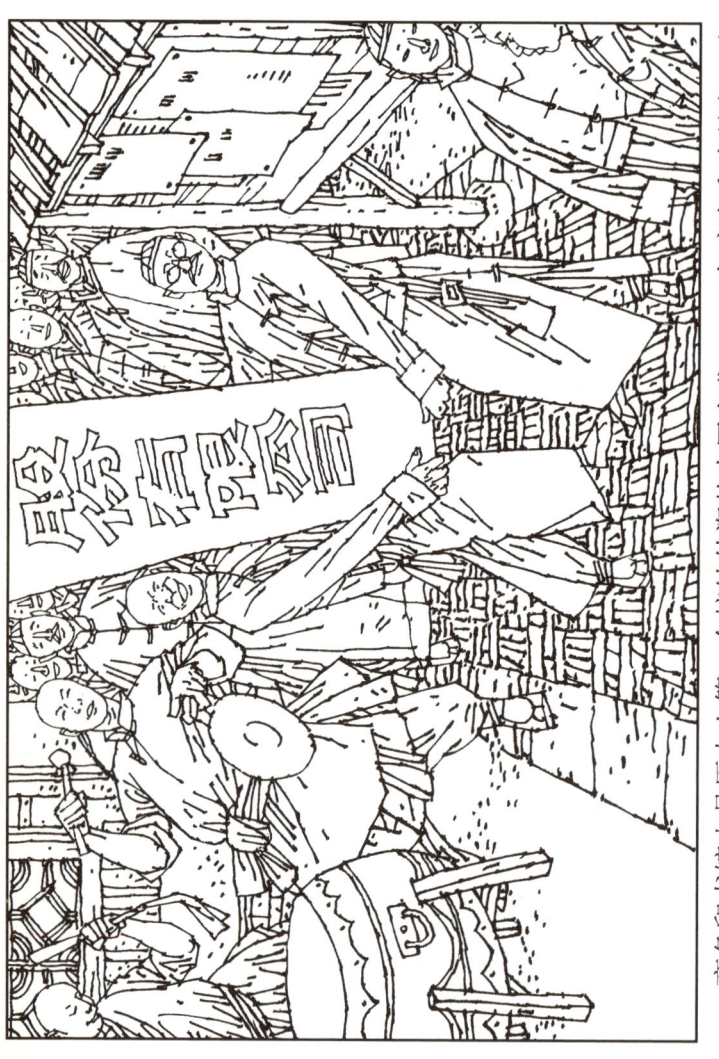

商务印书馆也是历史上第一个接纳外资的中国企业。1903年商务印书馆与日本的金港堂书籍株式会社签订合同，双方决定将商务改为股份有限公司。商务由此扩大了资金，逐步从一个家族印刷企业发展成为了一个现代出版企业。

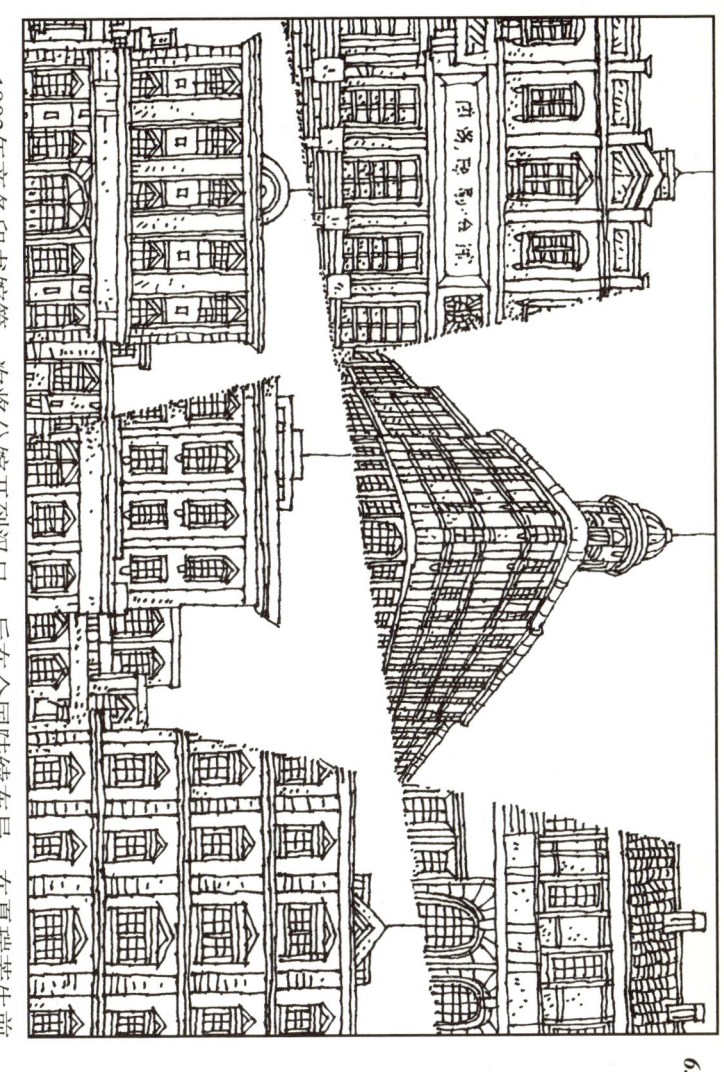

1903年商务印书馆第一次将分馆开到汉口，后在全国陆续布局，在夏瑞芳生前共设立分馆近20处。夏瑞芳所建立的分馆加支馆的经营模式，为商务带来了巨大效益和核心竞争力。

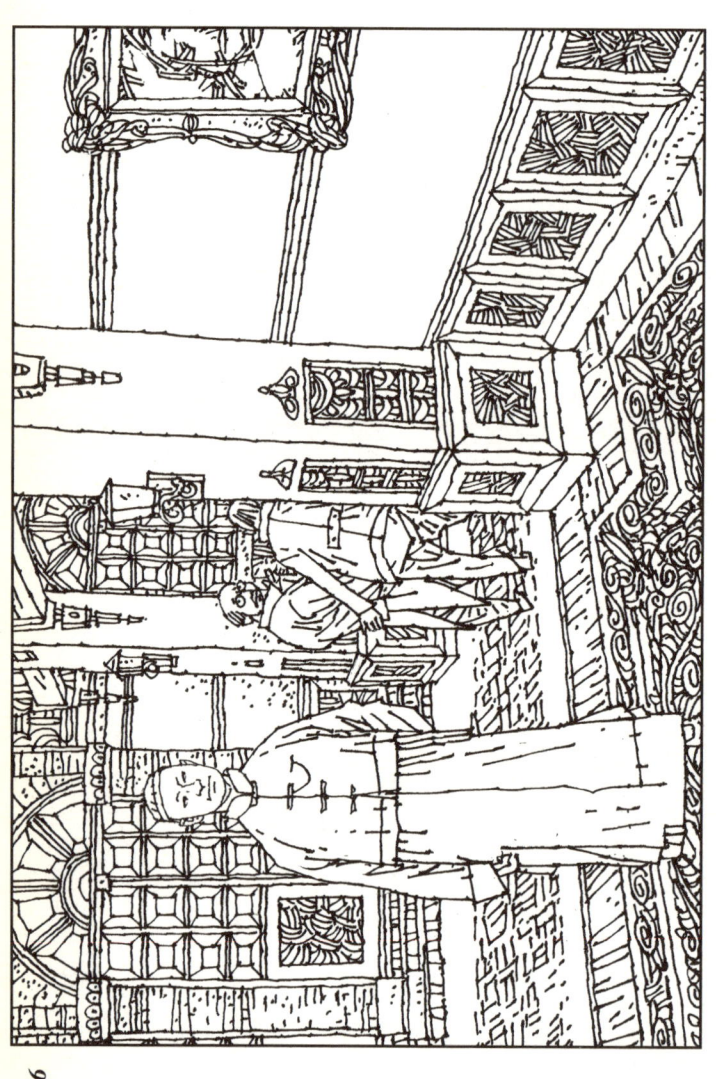

辛亥革命之后,日本对华侵略的行径日渐显露,引发了全国性的反日情绪。商务与日本人的合资受到全社会的注目。经过讨论,商务印书馆决定不计一切代价收回日股。夏瑞芳来回奔波,几经周折,才让日本商人退让股权。

1914年1月10日,《申报》刊登了商务印书馆的一则广告:"公司为完全由中国人集资营业的公司,已将外国人股份全数购回。"夏瑞芳看着《申报》上的这则广告,深深松了口气。他终于完成了摈退日资的大事。

当天下班时,夏瑞芳走出位于河南路的商务印书馆总发行所,登上马车准备回家,没想到竟突然遭到凶手暗枪,不幸罹难。虽然凶手当场被抓住租送警方,但他身后的背景仍是深不见底。一有传闻夏瑞芳在遭暗杀之前就收到了警告信,但时隔多年相关史实已无法考证。

夏瑞芳的出殡葬礼轰动了上海滩。一代出版界巨人,没有来得及留下一句遗言,就这样离开了人世,带着未尽的理想和不朽的开启民智、救亡图存的意愿。

夏瑞芳死后，董事会曾想为他立一座雕像，但被他的妻子鲍翠玉婉拒了。最后，鲍翠玉决定在夏瑞芳的故乡青浦建一所学校来纪念他，这就是后来的"夏氏小学"。

夏瑞芳和鲍翠玉育有一子八女，夏瑞芳去世后，鲍翠玉一人将抚养教育几个子女的责任一肩扛起。子女们在母亲的教导下，谨记父志，个个学有所成。

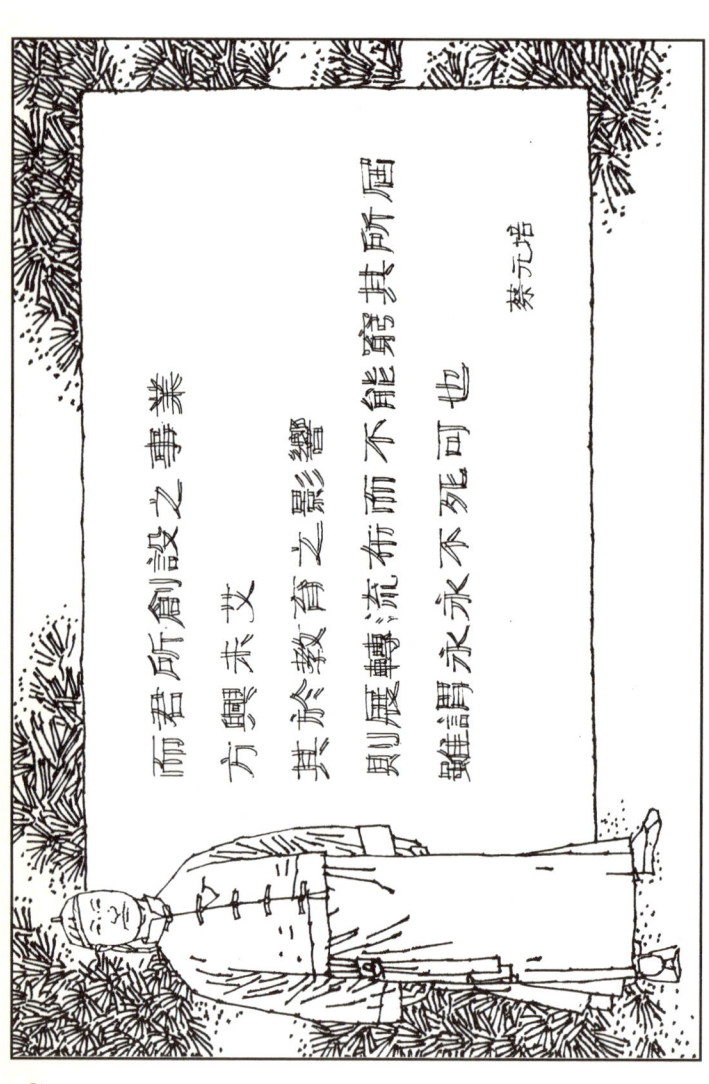

时光荏苒，再回首已是120年。夏瑞芳这个名字渐渐远去，然而他对中国近代出版和文化教育的功绩是不可磨灭的。正如蔡元培所撰夏瑞芳传中所写的那样："而君所创设之事业，方兴未艾，其于教育之影响，则展转流布而不能穷其所届，虽谓永永不死可也。"

责任编辑　冯　雪

特约编辑　刘亚军　刘蓉蓉　钱　晶

策划单位

上海市静安区文化局

上海市青浦区文化广播影视管理局

上海派连环画中心

上海市动漫行业协会连环画专委会

上海南翔"三画"创作展示基地

上海市青浦区夏瑞芳研究会

夏瑞芳故居陈列馆

金地水悦堂

上海城市动漫出版传媒有限公司

上海海派连环画中心

以传承与保护连环画为己任的非营利性艺术机构
以画家室工作室形式进行创作的文化创意基地
提供连环画、漫画创作、出版、展览、艺术品交易、衍生品开发的一站式服务

网　址：http://www.hplhh.com
微信号：haipailhh

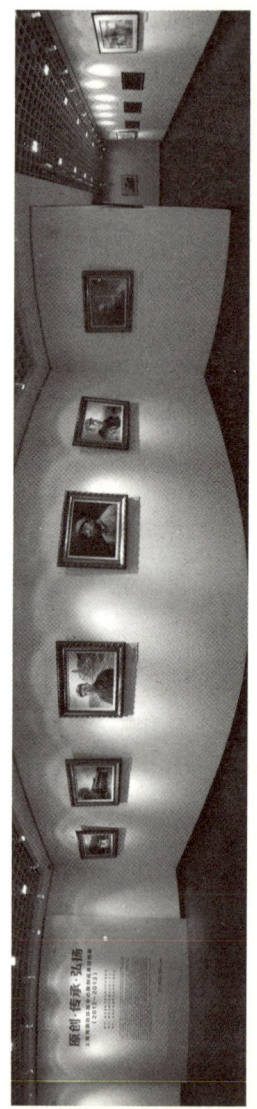